AF217720

Tucholsky Wagner Zola Scott Sydow Freud Schlegel
Turgenev Wallace Fonatne Twain Walther von der Vogelweide Fouqué Friedrich II. von Preußen
Weber Freiligrath Frey
Fechner Fichte Weiße Rose von Fallersleben Kant Ernst Frommel
Hölderlin Richthofen
Engels Fielding Eichendorff Tacitus Dumas
Fehrs Faber Flaubert
Maximilian I. von Habsburg Fock Eliasberg Ebner Eschenbach
Feuerbach Ewald Eliot Zweig Vergil
Goethe Elisabeth von Österreich London
Mendelssohn Balzac Shakespeare Dostojewski Ganghofer
Trackl Stevenson Lichtenberg Rathenau Doyle Gjellerup
Mommsen Tolstoi Hambruch
Thoma Lenz Droste-Hülshoff
Dach von Arnim Hägele Hauff Humboldt
Karrillon Reuter Verne Rousseau Hagen Hauptmann Gautier
Garschin Baudelaire
Damaschke Defoe Hebbel
Descartes Hegel Kussmaul Herder
Wolfram von Eschenbach Schopenhauer
Darwin Dickens Rilke George
Bronner Melville Grimm Jerome Bebel Proust
Campe Horváth Aristoteles
Bismarck Vigny Barlach Voltaire Federer Herodot
Gengenbach Heine
Storm Casanova Tersteegen Gilm Grillparzer Georgy
Chamberlain Lessing Langbein Gryphius
Brentano Lafontaine
Strachwitz Claudius Schiller Kralik Iffland Sokrates
Katharina II. von Rußland Bellamy Schilling
Gerstäcker Raabe Gibbon Tschechow
Löns Hesse Hoffmann Gogol Wilde Gleim Vulpius
Luther Heym Hofmannsthal Klee Hölty Morgenstern
Roth Heyse Klopstock Kleist Goedicke
Luxemburg Puschkin Homer Mörike
La Roche Horaz Musil
Machiavelli Kierkegaard Kraft Kraus
Navarra Aurel Musset Lamprecht Kind Kirchhoff Hugo Moltke
Nestroy Marie de France Laotse Ipsen Liebknecht
Nietzsche Nansen Ringelnatz
Marx Lassalle Gorki Klett Leibniz
von Ossietzky May vom Stein Lawrence Irving
Petalozzi Platon Knigge
Sachs Pückler Michelangelo Kock Kafka
Poe Liebermann Korolenko
de Sade Praetorius Mistral Zetkin

Der Verlag tradition aus Hamburg veröffentlicht in der Reihe **TREDITION CLASSICS** Werke aus mehr als zwei Jahrtausenden. Diese waren zu einem Großteil vergriffen oder nur noch antiquarisch erhältlich.

Symbolfigur für **TREDITION CLASSICS** ist Johannes Gutenberg (1400 — 1468), der Erfinder des Buchdrucks mit Metalllettern und der Druckerpresse.

Mit der Buchreihe **TREDITION CLASSICS** verfolgt tradition das Ziel, tausende Klassiker der Weltliteratur verschiedener Sprachen wieder als gedruckte Bücher aufzulegen – und das weltweit!

Die Buchreihe dient zur Bewahrung der Literatur und Förderung der Kultur. Sie trägt so dazu bei, dass viele tausend Werke nicht in Vergessenheit geraten.

Autobiographisches und Theoretisches

Ödön von Horváth

Impressum

Autor: Ödön von Horváth
Umschlagkonzept: toepferschumann, Berlin

Verlag: tradition GmbH, Hamburg
ISBN: 978-3-8424-9078-9
Printed in Germany

Ziel der TREDITION CLASSICS ist es, tausende deutsch- und fremdsprachige Klassiker wieder in Buchform verfügbar zu machen. Die Werke wurden eingescannt und digitalisiert. Dadurch können etwaige Fehler nicht komplett ausgeschlossen werden. Unsere Kooperationspartner und wir von tredition versuchen, die Werke bestmöglich zu bearbeiten. Sollten Sie trotzdem einen Fehler finden, bitten wir diesen zu entschuldigen. Die Rechtschreibung der Originalausgabe wurde unverändert übernommen. Daher können sich hinsichtlich der Schreibweise Widersprüche zu der heutigen Rechtschreibung ergeben.

Über unser Buch der Tänze

Kurz nachdem ich Siegfried Kallenberg 1921 kennen lernte, schrieb ich auf seine Aufforderung hin sieben Tänze. Angewandte Dichtung könnte man sagen. Unabhängig voneinander beschäftigte uns das Problem der Vertiefung des Verhältnisses von Dichtung und Musik und die daraus sich ergebende Erweiterung des Begriffes Tanz. Weder die auf mehr oder weniger doch nur bildhafte Handlung gestellte Pantomime, bei der die Musik im Gegensatz zum absoluten Tanz doch nur die Rolle der Begleitung inne hat, noch die aus absoluter Musik rein willkürlich geformte Tanzdichtung konnte uns befriedigen. Wir erstrebten eine innigere Verschmelzung von Dichtung und Musik, die durch die tänzerische Darstellung zur Einheit erhoben werden sollte.

So entstand das Buch der Tänze.

»Tänze« – – – weil das Wesentliche trotz der dramatischen Handlung nicht im pantomimisch-bildhaften, sondern im rein tänzerischen liegt. Die Vertonung hielt sich nicht sklavisch an die Bilder der Dichtung, sondern formte allein ihren inneren Gehalt, sozusagen die Atmosphäre. Während also die Dichtung dem Komponisten das Innere gab, so gibt sie den Darstellern den Rahmen, die Handlung. Aus Dichtung und Musik schafft so der Tänzer die neue Einheit.

Autobiographische Notiz (auf Bestellung)

Geboren bin ich am 9. Dezember 1901, und zwar in Fiume an der Adria, nachmittags um dreiviertelfünf (nach einer anderen Überlieferung um halbfünf). Als ich zweiunddreißig Pfund wog, verließ ich Fiume, trieb mich teils in Venedig und teils auf dem Balkan herum und erlebte allerhand, u. a. die Ermordung S. M. des Königs Alexanders von Serbien samt seiner Ehehälfte. Als ich 1,20 Meter hoch wurde, zog ich nach Budapest und lebte dort bis 1,21 Meter. War dortselbst ein eifriger Besucher zahlreicher Kinderspielplätze und fiel durch mein verträumtes und boshaftes Wesen unliebenswert auf. Bei einer ungefähren Höhe von 1,52 erwachte in mir der Eros, aber vorerst ohne mir irgendwelche besonderen Schererein zu bereiten – –(meine Liebe zur Politik war damals bereits ziemlich vorhanden). Mein Interesse für Kunst, insbesondere für die schöne Literatur, regte sich relativ spät (bei einer Höhe von rund 1,70), aber erst ab 1,79 war es ein Drang, zwar kein unwiderstehlicher, jedoch immerhin. Als der Weltkrieg ausbrach, war ich bereits 1,67 und als er dann aufhörte bereits 1,80 (ich schoß im Krieg sehr rasch empor). Mit 1,69 hatte ich mein erstes ausgesprochen sexuelles Erlebnis – – und heute, wo ich längst aufgehört habe zu wachsen (1,84), denke ich mit einer sanften Wehmut an jene ahnungsschwangeren Tage zurück.

Heut geh ich ja nurmehr in die Breite – aber hierüber kann ich Ihnen noch nichts mitteilen, denn ich bin mir halt noch zu nah.

Autobiographische Notiz

Als der sogenannte Weltkrieg ausbrach, war ich dreizehn Jahre alt. An die Zeit vor 1914 erinnere ich mich nur, wie an ein langweiliges Bilderbuch. Alle meine Kindheitserlebnisse habe ich im Kriege vergessen. Mein Leben beginnt mit der Kriegserklärung.

Ich bin am 9. Dezember 1901 in Fiume geboren. Während meiner Schulzeit wechselte ich viermal die Unterrichtssprache und besuchte fast jede Klasse in einer anderen Stadt. Das Ergebnis war, daß ich keine Sprache ganz beherrschte. Als ich das erste Mal nach Deutschland kam, konnte ich keine Zeitung lesen, da ich keine gotischen Buchstaben kannte, obwohl meine Muttersprache die deutsche ist. Erst mit vierzehn Jahren schrieb ich den ersten deutschen Satz.

Wir, die wir zur großen Zeit in den Flegeljahren standen, waren wenig beliebt. Aus der Tatsache, daß unsere Väter im Felde fielen oder sich drückten, daß sie zu Krüppeln zerfetzt wurden oder wucherten, folgerte die öffentliche Meinung, wir Kriegslümmel würden Verbrecher werden. Wir hätten uns alle aufhängen dürfen, hätten wir nicht darauf gepfiffen, daß unsere Pubertät in den Weltkrieg fiel. Wir waren verroht, fühlten weder Mitleid noch Ehrfurcht. Wir hatten weder Sinn für Museen noch die Unsterblichkeit der Seele – und als die Erwachsenen zusammenbrachen, blieben wir unversehrt. In uns ist nichts zusammengebrochen, denn wir hatten nichts. Wir hatten bislang nur zur Kenntnis genommen.

Wir haben zur Kenntnis genommen – – und werden nichts vergessen. Nie. Sollten auch heute einzelne von uns das Gegenteil behaupten, denn solche Erinnerungen können unbequem werden, so lügen sie eben.

Fiume, Belgrad, Budapest, Preßburg, Wien, München

Sie fragen mich nach meiner Heimat, ich antworte: ich wurde in Fiume geboren, bin in Belgrad, Budapest, Preßburg, Wien und München aufgewachsen und habe einen ungarischen Paß – aber: »Heimat«? Kenn ich nicht. Ich bin eine typisch alt-österreichisch-ungarische Mischung: magyarisch, kroatisch, deutsch, tschechisch – mein Name ist magyarisch, meine Muttersprache ist deutsch. Ich spreche weitaus am besten Deutsch, schreibe nunmehr nur Deutsch, gehöre also dem deutschen Kulturkreis an, dem deutschen Volke. Allerdings: der Begriff »Vaterland«, nationalistisch gefälscht, ist mir fremd. Mein Vaterland ist das Volk.

Also, wie gesagt: Ich habe keine Heimat und leide natürlich nicht darunter, sondern freue mich meiner Heimatlosigkeit, denn sie befreit mich von einer unnötigen Sentimentalität. Ich kenne aber freilich Landschaften, Städte und Zimmer, wo ich mich zuhause fühle, ich habe auch Kindheitserinnerungen und liebe sie, wie jeder andere. Die guten und die bösen. Ich sehe die Straßen und Plätze in den verschiedenen Städten, auf denen ich gespielt habe, oder über die ich zur Schule ging, ich erkenne die Eisenbahn wieder, die Rodelhügel, die Wälder, die Kirchen, in denen man mich zwang, den heiligen Leib des Herrn zu empfangen – ich erinnere mich auch noch meiner ersten Liebe: das war während des Weltkrieges in einem stillen Gäßchen, da holte mich in Budapest eine Frau in ihre Vierzimmerwohnung, es dämmerte bereits, die Frau war keine Prostituierte, aber ihr Mann stand im Feld, ich glaube in Galizien, und sie wollte mal wieder geliebt werden.

Meine Generation, die in der großen Zeit die Stimme mutierte, kennt das alte Österreich-Ungarn nur vom Hörensagen, jene Vorkriegsdoppelmonarchie, mit ihren zweidutzend Nationen, mit borniertestem Lokalpatriotismus neben resignierter Selbstironie, mit ihrer uralten Kultur, ihren Analphabeten, ihrem absolutistischen Feudalismus, ihrer spießbürgerlichen Romantik, spanischen Etikette und gemütlicher Verkommenheit.

Meine Generation ist bekanntlich sehr mißtrauisch und bildet sich ein, keine Illusionen zu haben. Auf alle Fälle hat sie bedeutend weniger als diejenige, die uns herrlichen Zeiten entgegengeführt hat. Wir sind in der glücklichen Lage, glauben zu dürfen, illusionslos leben zu können. Und das dürfte vielleicht unsere einzige Illusion sein.

Ich weine dem alten Österreich-Ungarn keine Träne nach. Was morsch ist, soll zusammenbrechen, und wäre ich morsch, würde ich selbst zusammenbrechen, und ich glaube, ich würde mir keine Träne nachweinen.

Manchmal ist es mir, als wäre alles aus meinem Gedächtnis ausradiert, was ich vor dem Kriege sah. Mein Leben beginnt mit der Kriegserklärung. Und es widerfuhr mir das große Glück erkennen zu dürfen, daß die Ausrottung der nationalistischen Verbrechen nur durch die völlige Umschichtung der Gesellschaft ermöglicht werden wird. Das ist mein Glaube. Lächeln Sie nicht! Dadurch, daß eine Erkenntnis oft als Schlagwort formuliert wird, verliert sie nichts von ihrer Wahrheit. Worauf es ankommt, ist die Bekämpfung des Nationalismus zum Besten der Menschheit. Ich glaube, es ist mir gelungen, durch meine »Bergbahn« den Beweis zu erbringen, daß auch [ein] nicht »Bodenständiger«, nicht »Völkischer«, eine heimatlose Rassenmischung, etwas »Bodenständig-Völkisches« schaffen kann, – denn das Herz der Völker schlägt im gleichen Takt, es gibt ja nur Dialekte als Grenzen.

[Zensur und Proletariat]

Zensur ist Bevormundung. Zur Bevormundung braucht man Polizei. Zur Polizei braucht man das Zuchthaus.

Wer ist Zensor? Pfaffe, Richter und Soldat. Was wird zensiert? Der Glaube an den Fortschritt. Was wird verboten? Die Vernunft, das Recht und der Friede. Was wird erlaubt? Der Abtreibungsparagraph, Giftgas, Wohnungsnot, Tuberkulose, gottgewolltes Wettrüsten und organisierter Betrug. Wer protestiert dagegen? Die Intellektuellen. Wer soll daran zugrunde gehen? Das Proletariat. Denn der Zensor würde sich um die Intellektuellen überhaupt nicht kümmern, würden sich die Intellektuellen nicht um das Schicksal des Proletariats kümmern. Und so kann auch nur das Proletariat den Zensor besiegen.

Flucht aus der Stille oder das Werden eines neuen gesellschaftlichen Bewußtseins

Wenn ich auf die Frage antworten soll, warum ich dem Lande den Rücken gekehrt habe und in die Stadt gezogen bin, so muß ich gestehen, daß ich diese Antwort sogleich nur oberflächlich formulieren kann, ungefähr so: in der Großstadt habe ich mehr Eindrücke, sehe ich mehr und wichtigeres für unsere Zeit als auf dem Lande.

Mich besuchte mal ein Freund und wir gingen zusammen spazieren, es war ihm alles ungewöhnlich und er sah und genoß alles bedeutend empfindlicher als ich. Wir sprachen über die Natur und die Landwirtschaft, über das kleine Leben der Bauern und kleinen Bürger, das sich aber in ihrem privaten Leben genau so abspielt, wie in der Stadt, das der einzelnen Leute. Mein Freund gab mir recht und nun erschien uns alles plötzlich recht komisch, wir lachten über die Sorgen dieser Bauern, und das wars weil wir sie [als] einzelne Wesen sahen.

Plötzlich sagte mein Freund: Es ist höchste Zeit, daß du in die Stadt kommst, du lebst hier am Rande der Welt. Gewiß haben hier die Leute auch genau die gleichen Eigenschaften Tugend und Laster wie der einzelne Städter, aber du vergißt, daß es in der Stadt etwas gibt, das ist die Umwandlung des gesellschaftlichen Bewußtseins. Kannst du es hier vertragen, keine Ahnung von dieser Wandlung zu haben, zu kennen? In der Stadt wandelt sich das um, die Stadt ist gewissermaßen das laufende Band, das Land der kleine Privatwirtschaftler.

Es ist klar, daß die Stadt den Ton angibt, du kannst am Dorfe draußen auch all die Zeitungen lesen, aber es fehlt dir das Fluidum der Wandlung. Es bildet sich eine neue Menschheit, auf dem Lande heraußen wirst du zum Beobachter, es fehlt dir die Atmosphäre der neuen Menschen.

Du lebst auf dem Lande in der sozialen Schicht, die untergeht.

Und dann ist noch eine Gefahr auf dem Lande, das ist die Stille. Unter Stille verstehe ich nun natürlich nicht die Geräuschlosigkeit, die man sich zum arbeiten auch in der Großstadt beschaffen kann.

Es ist die Stille der Atmosphäre, des Stillstands.

Die Stille ist oft besungen worden und zwar nach allen Regeln der Reimerei.

Auf dem Lande besteht die Gefahr des Romantischwerdens. Der sogenannten neuen Illusion. Ich will hier das Problem der absoluten Notwendigkeit des Träumens nicht berühren, das Phantasieren ist genau so notwendig wie das Sachlichsein, es ist da eine Vernachlässigung der seelischen Bedürfnisse. Aber auf dem Dorfe das sich in den Mittelpunkt stellen.

Hier berührt sich das Problem mit dem Ausspruch: die junge Generation hat keine Seele, was natürlich ein enormer Quatsch ist. Es hängt mit dem verlorenen Kontakt, mit dem verlorenen oder geopferten Trieb zusammen. (Der immer mehr sich verlierende Kontakt zur äußeren Natur ist nur ein Triebverzicht zum Nutzen der Kultur.) Und nun das Wichtigste: bekanntlich braucht man zum denken einen Stuhl, auf dem man sitzt. Es hat sich allmählich herumgesprochen, daß das Materielle unentbehrlich ist. Und das bietet dem jungen Schriftsteller nur Berlin, von allen deutschen Städten. Berlin, das die Jugend liebt, und auch etwas für die Jugend tut, im Gegensatz zu den meisten anderen Städten, die nur platonische Liebe kennen.

Ich liebe Berlin.

[Unlängst traf ich einen Bekannten ...]

Unlängst traf ich einen Bekannten in der Zimmerstraße. »Ich verstehe Sie«, begrüßte er mich, »aber was ich nicht verstehe, ist einfach dies: warum haben Sie eigentlich Ihrem herrlich idyllischen Dorfleben den Rücken gekehrt und sind hierher nach Berlin gezogen? Sie sind doch sogenannter Schriftsteller und wenn ich mich in Sie hineinlebe, so stelle ich mir das so vor, daß Sie draußen auf dem Lande viel mehr Ruhe zum Dichten haben, außerdem haben Sie dort auch würzige Luft.«

»Also was die würzige Luft betrifft«, sagte ich, »da haben Sie relativ recht, aber bekanntlich kann man von der Luft nicht leben, selbst wenn sie würzig ist. Ich muß doch unbedingt nach Berlin, und zwar erstens: um unbedingt Geld zu verdienen. Vergessen Sie doch bitte nicht, daß man nicht nur zum Denken, sondern auch zum Dichten unbedingt Papier, Tinte oder Bleistift braucht, vom Essen, Schlafen und der Garderobe will ich jetzt gar nicht reden!« »Also das hat sich allmählich herumgesprochen«, beruhigte er mich, »aber hören Sie mal: wenn ich Sie wäre, würde ich nur dann nach Berlin ziehen, wenn mir die Tinte, Papier oder drgl. gerade mal ausgegangen ist, wie ich dann aber die Sachen habe, würde ich mich sofort wieder von Berlin empfehlen, hinaus in den ländlichen Frieden, um dort meine Belletristik zu schreiben. Sie können sich doch draußen in der himmlischen Stille und an dem Busen der Natur bedeutend konsequenter konzentrieren, als wie im Trubel der Weltstadt. Hier wird man doch nur zu leicht von seiner Intuition abgelenkt.«

»Das glaube ich weniger«, sagte ich, »von der sogenannten wahren Intuition kann man nicht so mirnix-dirnix abgelenkt werden, aber abgesehen hiervon: ich kann, wenn ich will, hier in Berlin genau so still leben, wie an dem Busen der Natur. Wenn man gerade eine Intuition hat, kann man hier leicht ein Eremitendasein führen, allerdings gibt es hier mehr Versuchungen, als wie draußen im Dorf, jedoch meist nur nach sieben Uhr abends. Aber ich hätte ja gar keinen Willen, wenn ich diesen Versuchungen nicht standhalten könnte! Es gibt natürlich auch unbewußte Versuchungen und Ablenkungen, man wird natürlich oft abgelenkt, ohne daß man es merkt. Aber in dieser Weise kann ich auch auf dem Lande abgelenkt werden, zum Beispiel durch einen Wald, durch eine Lichtung, und in der Stadt durch eine Fabrik, eine Straßenbahn – aber das hat ja auch natürlich alles seine Vorteile, es wirkt in mir weiter, und springt auf einmal heraus in irgendeiner Szene eines Buches, oder nur einer Kapitelüberschrift. So würde dann auf dem Lande ein Kapitel heißen ›Abendsonnenschein im Hochwald‹ und in der Stadt ›Die Arbeitslosenunterstützung wird gekürzt.‹ Verstehen Sie mich?«

»Nein.«

»Dann hab ich das vielleicht zu kompliziert formuliert, aber ich kann es nicht einfacher. Sie haben mich ja überhaupt erst auf den Gedanken gebracht. Kehren wir lieber zur Stille zurück, zu diesem Begriff. Die Stille, lieber Herr, ist etwas sehr schönes, sie ist ja auch nicht umsonst schon oft besungen worden, von allen Völkern, den schwarzen, den weißen, roten, gelben, und zwar nach allen Regeln der Reimerei. Und zu allen Zeiten, sicherlich bereits knapp nach der Ermordung des Urpapas. Es ist aber natürlich ein großer Unterschied zwischen der Stille der Stadt und des Landes. Erstere ist selbstgewählt mit einem bestimmten Zweck, nämlich zur dichterischen Arbeit, letztere ist ein ›Muß‹, eine Mußstille. Und die Stille verführt zum Träumen und logischerweise zur Romantik, während die städtische Stille nur der Arbeit gewidmet ist, arbeit ich aber mal nicht, so kann ich in der Stadt keine Stille verspüren, es entsteht also statt des Phantasierens das Sehenmüssen, ob mir das nun ganz bewußt wird oder nicht, spielt natürlich keine Rolle.«

»Jetzt versteh ich Sie überhaupt nicht mehr«, sagte mein Bekannter und sah mich mitleidig an. »Reden wir doch wieder deutsch«, bat er mich freundlich und fuhr sogleich fort: »Es ist mir bekannt, daß die Stadt das Zentrum ist, daß die Stadt den Ton angibt und die ländliche Einfalt zwingt, ihren Ton nachzuahmen, wenn sie überhaupt einen Ton haben will. Das Land ist heute kaum entwicklungsfähig, die lebendige Kultur gibt es nur in der Stadt, darüber sind wir uns doch im klaren. Das Schwergewicht verschiebt sich immer mehr zur Industrie. Die künftigen Kulturzentren sind sicherlich die Industrieorte. Das wissen wir doch alle. Das können Sie vor allem genau so auf dem Lande wissen, wie hier in Berlin, Sie können ein Buch darüber lesen, Zeitungen, Radio, Zeitschriften abonnieren, usw. Bei Ihnen kommt es doch nicht so sehr darauf an, ob Sie nun die neueste Nachricht einige Stunden später erfahren, wo Sie doch ewige Werte schaffen wollen.«

»Hm«, sagte ich nachdenklich, »es ist für mich als jungen Dichter, der ewige Werte schaffen will, natürlich gleichgültig, ob ich es drei Stunden früher oder später erfahre, daß sich wieder mal einige Personen infolge wirtschaftlicher Not das Leben genommen haben. Das ist klar, das hat mit dem Schaffen ewiger Werte nichts zu tun. Aber es kommt doch beim Dichten nicht darauf an, daß ich das erfahre, sondern daß ich das selbst sehe. Es kommt doch auf die Nuancen an. So einen Selbstmord sieht doch ein jeder anders, durch ein anderes Temperament. Aber wichtiger als dies, scheint mir folgendes zu sein: es bildet sich ein neues gesellschaftliches Bewußtsein, es ist alles im Werden begriffen, auch die bisher bekannten Typen der Menschen bilden sich um, es entstehen gewissermaßen ganz neue Mischungen – – sehen Sie: und das können Sie heute auf dem Lande weder fühlen noch sehen, das Land läßt der Stadt den Vortritt, und für mich als jungen Dichter ist dies natürlich kolossal wichtig, die persönlichen Eindrücke von diesem Wandel des Bewußtseins. Sie werden das vielleicht gar nicht so verspüren?«

»Also da haben Sie schon sehr recht! Leben Sie wohl!«

»Auf Wiedersehen!«

»Sie haben keine Seele«

Wir, das heißt: wir, die sogenannte Nachkriegsgeneration, die wir schreiben, hören es immer wieder: »Ihr habt keine Seele, ihr schreibt aber erschreckend gut, ihr seid kalt.« Nur um mal diesen Blödsinn, dieses Schlagwort endgültig zu erledigen, befasse ich mich mit diesem Ausspruch, denn unserer Generation droht die Gefahr als eine abgestempelt zu werden, was gar nicht stimmt. Ich weiß mich hierin in dieser Abwehr mit allen einig und bitte sie nur um Nachsicht, falls sie in einem oder anderen Punkte einen anderen Sehwinkel gebraucht hätten.

»Sie schreibt erschreckend gut –« Danke. Wir nehmen das zur Kenntnis. Wir wissen es, daß wir präziser uns ausdrücken, als die Vorkriegsquatscher. Wir haben die gefallene Kriegsgeneration, unsere älteren Brüder, ersetzt und gehen weiter. »Es ist fast zu virtuos«, – das ist einfach blöd. Das soll wohl heißen: es ist nur Form ohne Inhalt. Gut.

Wir sind materialistisch geschult.

An die Seele glauben wir nicht, weil wir an das »Opfer« nicht glauben. Diesen letzten Weg trauen sich aber die romantischen Quatschköpf nicht mitzugehen. Sie gehen bis zur Sachlichkeit des Klosetts, besonders wenn das Scheißen seelisch gestaltet ist. Die Seele äußert sich auf dreierlei Art:

1. Ewige Kraft.
2. Das Individuum, was es alles opfern muß, also geht es auf einer anderen Seite hinaus.
3. Liebe zum Nächsten.

Falls wir so schreiben, daß wir kein Gefühl herausbringen können, so soll man es uns sagen: »Ihr schreibt schlecht!«

Alles andere ist eine Feigheit. Eine Feigheit dieser traurigen Burschen, die mit ihren romantischen Plattfüßen in Individualismus wursteln.

Uns freut der Kollektivismus.

Wir können diese Konflikte nur komisch sehen zwischen Individualismus und Kollektivismus.

[Über Gerhart Hauptmann]

Von Gerhart Hauptmann können wir jungen Bühnenautoren lernen, sonst nichts. Dieses »sonst nichts« ist wahrscheinlich nur ein Zeichen der Jugend.

Sofern wir also bestrebt sind zu lernen, müssen wir sehr glücklich sein, daß wir von Gerhart Hauptmann lernen können.

N. B. in puncto »sonst nichts«: jetzt hätt ich fast vergessen, nämlich das kleine Wort: Dank.

[Interview]

Cronauer Herr von Horváth, ich hab also das Vergnügen, Sie im Auftrage des Bayerischen Rundfunks 20 Minuten lang zu interviewen, und hoffe, daß ich in dieser kurzen Zeit sehr viel von Ihnen erfahren kann. Seit Sie durch die Verleihung des Kleistpreises geehrt wurden, sind die Tageszeitungen und literarischen Blätter voll von Meinungen über Sie, und ich glaube fast, daß kein moderner Dramatiker die Herzen und Hirne der Kritik für und wider mehr entflammte als Sie, Herr Horváth. Es wird also ganz interessant sein, von Ihnen selbst einmal wahre Daten und Meinungen zu hören.

Horváth Also meine Meinung können Sie schon hören. Und um Ihnen die erste Frage zu ersparen, erzähle ich Ihnen gleich, wann und wo ich geboren bin und ob ich ein reinrassiger deutscher Schriftsteller bin oder bloß so eine Mischung. Darum bin ich ja schon ixmal gefragt worden und da kommts mir jetzt auch nicht mehr drauf an.

Also wenn man mich fragt, ob ich ein Deutscher bin, so kann ich darauf nur antworten: ich fühle mich als ein Mensch, der sich unter allen Umständen zum deutschen Kulturkreis zählt – und warum ich mich zum deutschen Kulturkreis gehörend betrachte, liegt wohl vor allem daran, daß meine Muttersprache die deutsche ist. Und dies dürfte meiner Meinung nach der ausschlaggebende Grund sein. Dann erst folgt die Tatsache, daß ich entscheidende Entwicklungsjahre in Deutschland, und zwar in Südbayern und in Österreich, verlebt habe. Mein Name ist zwar rein ungarisch – und ich habe auch ungarisches Blut in mir, auch tschechisches und kroatisches – ich bin also eine typische österreich-ungarische Angelegenheit. Aber ich glaube in meinem persönlichen Interesse, daß die Produkte derartiger Rassenmischungen nicht unbedingt die schlechtesten sein müssen. – Es gibt bekanntlich solche Rassengemischte, die spätere Zeiten dann – und mit Recht – als die echtesten und größten Repräsentanten deutschen Wesens bezeichnet haben.

Cronauer Zum Beispiel Nietzsche.

Horváth Ja, das war zum Beispiel ein halber Pole. Und der Kunstmaler und Dichter Albrecht Dürer ist ein halber Ungar gewesen. Bekanntlich hieß sein Vater Ajtosi, was zu Deutsch soviel heißt wie Türer. Atjo heißt Türe. – Aber lassen Sie mich von diesen historischen Höhen wieder zu mir heruntersteigen – ich möchte noch folgendes sagen: immer wieder lese ich in Artikeln, daß ich ein ungarischer Schriftsteller bin. Das ist natürlich grundfalsch. Ich habe noch nie in meinem Leben – außer in der Schule – irgendetwas ungarisch geschrieben, sondern immer nur deutsch. Ich bin also ein deutscher Schriftsteller.

Cronauer Von Ihrer deutschen, ja absolut süddeutschen Art wird wohl jeder, der Ihre Arbeiten genauer kennt, überzeugt sein, auch wenn Sie nicht gerade deutscher Staatsbürger sind. Vielleicht darf ich Sie nun doch bitten – in Ergänzung des vorigen – uns zu sagen, wo Sie geboren sind?

Horváth Wenn Sie sich also mit einem Teil meines Privatlebens schon beschäftigen wollen, so gebe ich Ihnen gerne Auskunft. – Also: geboren bin ich in Fiume am Adriatischen Meer, und zwar vor dreißig Jahren. Während ich mutierte, kam ich als Dreizehnjähriger, ich hab schon früh mutiert, nach München, wo ich am Wilhelmsgymnasium und am Realgymnasium tätig war.

Cronauer Erfolgreich?

Horváth Na – mehr oder minder. Mehr minder.

Cronauer Das war in den ersten Kriegsjahren.

Horváth Ja, während ich da tätig war, brach der Weltkrieg aus. Wenn ich daran zurückdenke, so muß ich sagen, daß ich heute das Gefühl habe, als könnte ich mich an die Zeit vor dem Weltkrieg nicht mehr erinnern. Ich muß mich schon ziemlich anstrengen, damit mir aus dieser Friedenszeit wieder etwas einfällt, und ich glaube, so ähnlich wird es Ihnen und wohl allen unseren Altersgenossen gehen?

Cronauer Ja – da muß ich Ihnen vollkommen beistimmen.

Horváth Der Weltkrieg verdunkelt unsere Jugend und wir haben wohl kaum Kindheitserinnerungen. Aber ich denke, wir wollen über diese vergangenen Jahre nicht weiter reden.

Cronauer Ja – übergehen wir diese Zeit und kommen wir lieber auf die schönen Künste zu sprechen. Wollen Sie uns nicht sagen, Herr Horváth, wie Sie eigentlich Schriftsteller geworden sind?

Horváth Auf eine sehr komische Art und auf einen sogenannten inneren Drang hin.

Cronauer Sie hatten doch sicher schon sehr früh die Absicht, unter die »Literaten« zu gehen?

Horváth Ja – und auch nein. – Das kam nämlich ungefähr so: Ich besuchte 1920 in München die Universität und hatte, wie man so zu sagen pflegt, Interesse an der Kunst, hatte mich selber aber in keiner Weise noch irgendwie künstlerisch betätigt – nach außen hin innerlich, mit dem Gedanken schon, da sagte ich mir: Du könntest doch eigentlich Schriftsteller werden, du gehst doch z. B. gern ins Theater, hast bereits allerhand erlebt, du widersprichst gern, fast dauernd, und dieser eigentümliche Drang, das was man so sieht und erlebt und vor allem: was man sich einbildet, daß es die Anderen erleben, niederzuschreiben, den hast du auch – und dann weißt du auch, daß man nie Konzessionen machen darf und daß es dir immer schon gleichgültig war, was die Leute über dich geredet haben – und so hatte ich eigentlich schon auch das, was pathetische Naturen als die »Erkenntnis einer dichterischen Mission« bezeichnen. Durch einen Zufall lernte ich hier in München eines Abends den Komponisten Siegfried Kallenberg kennen. 1920. Kallenberg wandte sich an jenem Abend plötzlich an mich mit der Frage, ob ich ihm nicht eine Pantomime schreiben wolle. – Ich war natürlich ziemlich verdutzt, weil ich es mir gar nicht vorstellen konnte, wieso er mit diesem Anliegen ausgerechnet an mich herantritt – ich war doch gar kein Schriftsteller und hatte noch nie in meinem Leben irgend etwas geschrieben. Er muß mich wohl verwechselt haben, dachte ich mir – und ursprünglich wollte ich ihn auch aufklären, dann aber überlegte ich es mir doch anders: warum sollte ich es nicht einmal probieren, eine Pantomime zu schreiben. Ich sagte zu, setzte mich hin und schrieb die Pantomime. Die wurde dann auch später aufgeführt. Die erste Kritik, die ich über mein dichterisches Schaffen erhalten habe – ich glaube, daß Sie die interessiert? –

Cronauer Gewiß.

Horváth Sie war nämlich vernichtend und begann mit folgenden Worten: »Es ist eine Schmach« und dergleichen. Aber ich nahm mir das weiter nicht sehr zu Herzen.

Cronauer Und widmeten sich dann ganz der Dichtkunst?

Horváth Ah! – Ich versuchte es noch mit allerhand mehr oder minder bürgerlichen Berufen – aber es wurde nie etwas Richtiges daraus – anscheinend war ich doch zum Schriftsteller geboren. –

Cronauer Nun darf ich Sie wohl bitten, uns gleich etwas über Ihre weiteren Arbeiten zu sagen. Ihr erstes Stück: »Die Bergbahn«, das einen Vorfall beim Bau der Zugspitzbahn dramatisch behandelt, machte Sie zuerst als Dramatiker bekannt?

Horváth Ja – das Stück hat zum Inhalt den Kampf zwischen Kapital und Arbeitskraft. Zwischen den beiden Parteien steht ein Ingenieur, und durch ihn ist die Stellung der sogenannten Intelligenz im Produktionsprozeß charakterisiert.

Cronauer Sie bezeichneten »Die Bergbahn« – wie ja später alle Ihre Dichtungen – als ein Volksstück. Fast ist ja uns heutigen Menschen der Charakter des »Volksstückes« gänzlich verlorengegangen – es dürfte also von besonderem Interesse sein, von Ihnen, Herr Horváth – den namhafte Kritiker den Erneuerer des Volksstückes nannten –, Ihre Beweggründe, die Sie zu dieser Bezeichnung führten, kennenzulernen.

Horváth Ich gebrauchte diese Bezeichnung »Volksstück« nicht willkürlich, d. h. nicht einfach deshalb, weil meine Stücke mehr oder minder bayerisch oder österreichisch betonte Dialektstücke sind, sondern weil mir so etwas ähnliches, wie die Fortsetzung des alten Volksstückes vorschwebte. – Des alten Volksstückes, das für uns junge Menschen mehr oder minder natürlich auch nur noch einen historischen Wert bedeutet, denn die Gestalten dieser Volksstücke, also die Träger der Handlung haben sich doch in den letzten zwei Jahrzehnten ganz unglaublich verändert. – Sie werden mir nun vielleicht entgegenhalten, daß die sogenannten ewig-menschlichen Probleme des guten alten Volksstückes auch heute noch die Menschen bewegen. – Gewiß bewegen sie sie – aber anders. Es gibt eine ganze Anzahl ewig-menschlicher Probleme, über die unsere Großeltern geweint haben und über die wir heute lachen – oder umgekehrt. Will man also das alte Volksstück heute fortsetzen, so wird man natürlich heutige Menschen aus dem Volke – und zwar aus den maßgebenden, für unsere Zeit bezeichnenden Schichten des Volkes auf die Bühne bringen. Also: zu einem heutigen Volksstück gehören heutige Menschen, und mit dieser Feststellung gelangt man zu einem interessanten Resultat: nämlich, will man als Autor wahrhaft gestalten, so muß man der völligen Zersetzung der Dialekte durch den Bildungsjargon Rechnung tragen.

Cronauer Ja – der heutige Mensch ist natürlich ein anderer als der verflossener Jahrzehnte – seine Sprache, seine Leidenschaften und seine Weltanschauung haben sich geändert.

Horváth Natürlich. Und um einen heutigen Menschen realistisch schildern zu können, muß ich ihn also dementsprechend reden lassen. Nun hab ich zu meinen Gestalten, wie aber natürlich auch zu jeder Handlung, in puncto ihrer Möglichkeit, sich zu 100% als soziale Wesen zu entwickeln und nicht nur zu etablieren, keine positive, eher eine skeptische Einstellung, und dies glaube ich damit am besten zu treffen, indem ich eine Synthese von Ernst und Ironie gebe. Aus dieser Erkenntnis zog ich die Konsequenz. Mit vollem Bewußtsein zerstörte ich das alte Volksstück, formal und ethisch – und versuchte als dramatischer Chronist die neue Form des Volksstückes zu finden. –

Cronauer Ist diese »neue Form« des Volksstückes in dem bei Ihren Dichtungen doch besonders hervortretenden epischen Charakter zu suchen?

Horváth Ja. Diese neue Form ist mehr eine schildernde als eine dramatische. Sie knüpft formal mehr an die Tradition der Volkssänger und Volkskomiker an als an die Autoren der früheren Volksstücke –

Cronauer Volksstücke. Und haben dabei einen starken satirischen Charakter.

Horváth Ja, ich stehe zur Satire absolut positiv. Ich kann garnicht anders.

Cronauer Damit wären wir bei einem heiklen Thema angelangt – Sie wissen ja, daß man uns Jungen gerade unsere positive Stellung zu Satire und Ironie zum starken Vorwurf macht – als einen Mangel an Anteilnahme, an Bewunderung und an Ehrfurcht auslegt. Und es ist doch in Wirklichkeit gerade das Gegenteil. Es ist weiß Gott keine Überhebung, der wir uns schuldig machen – wir sehen darin eine Welt- und Lebensanschauung und letzten Endes eine uns führende und weisende Selbstkritik. – Aber das wird uns heute eben noch nicht zuerkannt, man mißversteht unsere kämpferischen Absichten, bestreitet unsere Ehrlichkeit und versagt uns, die unserem Schaffen so notwendige Anteilnahme und Anerkennung. Man macht es uns doppelt schwer – man isoliert uns und wendet in der großen Öffentlichkeit den Blick fast ausschließlich auf vergangene Zeiten. Vor lauter Geburtstags-, Jahrestags- und Todestagsgedenkfeiern übersieht man, daß es eine nach neuen Formen und Idealen strebende Jugend gibt. – Aber daß wir von unserem Thema nicht abgehen, es würde auch zu weit führen –

Horváth Da habens schon sehr recht, Herr Cronauer, und ich erkläre es mir auch so, daß meine Stücke bei einem Teil der Presse oft eine ziemliche Erregung auslösten – Persönlich ist mir das ziemlich schleierhaft. Man wirft mir vor, ich sei zu derb, zu ekelhaft, zu unheimlich, zu zynisch und was es dergleichen noch an soliden, gediegenen Eigenschaften gibt – und man übersieht dabei, daß ich doch kein anderes Bestreben habe, als die Welt so zu schildern, wie sie halt leider ist.– Und daß das gute Prinzip auf der Welt den Ton angibt, wird man wohl kaum beweisen können – behaupten schon. Der Widerwille eines Teiles des Publikums beruht wohl darauf, daß dieser Teil sich in den Personen auf der Bühne selbst erkennt – und es gibt natürlich Menschen, die über sich selbst nicht lachen können – und besonders nicht über mehr oder minder bewußtes, höchst privates Triebleben.

Cronauer Ich glaube auch, daß es daran liegt, daß die meisten Menschen nicht aus der Erkenntnis heraus lachen und damit verstehen können. – Sie lachen lieber über einen blöden Witz – bei dem man sich weiter nichts denken braucht und der sie auch »persönlich« nichts angeht. –

Horváth Jawohl.

Cronauer Ihre Stellung zur Parodie würde mich noch interessieren, Herr Horváth.

Horváth Die Parodie lehne ich als dramatische Form ab. Parodie hat meines Erachtens mit Dichtung garnichts zu tun und ist ganz billiges Unterhaltungsmittel.

Cronauer Nun, Herr Horváth, lassen Sie uns auf unser gemeinsames Steckenpferd, auf das Theater zu sprechen kommen. – Es ist uns ja leider nicht die Zeit gegeben, über die werdende neue Form des Theaters zu sprechen – aber vielleicht wird uns einmal hierzu Gelegenheit gegeben – denn ich bin überzeugt, daß Sie – und auch ich – gerne hierüber plaudern würden – und es gab da ja unendlich viel zu sagen: über das neue Drama, über das chorische Drama – den neuen Schauspieler und Sprecher, über Regie und auch über neue Theaterführung, über den Mut zum Kämpferischen und Neuen, zur Heranbildung eines Publikums und dessen kritischer Presse. – In unserer Begeisterung und in unserem bestimmten Wissen um die kulturelle Bedeutung und Aufgabe des Theaters treffen wir uns wohl im Glauben an dessen Fortbestand. Im Glauben an seine innere Entwicklung und der Überwindung aller äußeren Nöte?

Horváth Sicherlich. – Und wenn man auch heutzutage und zwar sehr ernstlich – über den Untergang des Theaters spricht. Natürlich geht es den Theatern wirtschaftlich miserabel – aber wem geht es heut nicht so? – Es ist schon möglich oder es ist sogar sicher, daß viele Theater zugrunde gehen – aber dann werden eben dafür Liebhaberbühnen erstehen –

Cronauer – die – wenn ich Sie unterbrechen darf – sicher nicht unkünstlerischer, dabei aber großzügiger und weniger geschäftstüchtig arbeiten werden.

Horváth Das ist anzunehmen. Das Theater als Kunstform kann nicht untergehen, aus dem einfachen Grunde, weil die Menschen es brauchen. Für mich ist das eine selbstverständliche, bestehende Tatsache. Es phantasiert also für den Zuschauer, und gleichzeitig läßt es ihn auch die Produkte dieser Phantasie erleben. Es ist Ihnen vielleicht schon aufgefallen, daß fast alle Stücke irgend ein kriminelles Moment aufweisen – ja: daß die weitaus überragende Zahl aller Dramenhelden bis zu den Statisten sich irgend eines Verbrechens schuldig machen, also eigentlich keine ausgesprochenen Ehrenmänner sind. Es ist doch eine sonderbare Tatsache, daß sich Leute einen Platz kaufen und ins Theater gehen und sich schön anziehen und parfümieren, um dann auf der Bühne mehr oder minder ehren-rührigen Dingen zu lauschen oder zuzuschauen, wie einer oder auch zwei umgebracht werden, – und hernach das Theater verlas-sen und zwar in einer weihevollen Stimmung, ethisch erregt. Was geht da in dem einzelnen Zuschauer vor? Folgendes: seine schein-bare Antipathie gegen die kriminellen Geschehnisse auf der Bühne ist keine wahre Empörung, sondern eigentlich ein Mitmachen, ein Miterleben und durch dieses Miterleben ausgelöste Befriedigung asozialer Triebe. Der Zuschauer ist also gewissermaßen über sich selbst empört. Man nennt diesen Zustand Erbauung.

Cronauer Es wäre nur zu wünschen, daß diese Erbauung, die das Theater doch geben soll, auch den breiten Volksschichten, die ja heute kaum mehr ins Theater gehen – zuteil werden möge.

Horváth Daß das Interesse am Theater im breiten Volke nachge-lassen hat, liegt wohl auch daran, daß wir kein richtiges, echtes Volkstheater mehr haben – aber auf dem Wege zu ihm sind wir. Meiner Meinung nach.

Cronauer Aus psychologischen Gründen spreche ich eigentlich grundsätzlich nie über die sozialen und wirtschaftlichen Nöte unse-rer Zeit – aber glauben Sie nicht auch, daß viele Theaterfreunde – gerade aus dem Volke – wegen Geldmangel einfach nicht ins Thea-ter gehen können?

Horváth Natürlich leiden die Bühnen sehr unter der wirtschaftli-chen Krise – obgleich es andererseits zu denken gibt, daß die Kinos teilweise sogar sehr gut besucht sind – es liegt aber auch woanders, und hier hätte ich einen kleinen praktischen Vorschlag: Abschaf-fung der Garderobe und des gesellschaftlichen Kleidungszwanges. Viele, viele Menschen gehen nicht ins Theater, weil sie keinen schö-nen Anzug haben – könnten sie ihren Mantel anbehalten oder in ihrem Werktagskleide bleiben, wären die Theater sicher besuchter. – Und es kommt ja nicht auf die vielen schönen Garderoben an, sondern auf die Menschen und die Köpfe die im Zuschauerraum sitzen.

Cronauer Das ist ein sehr beachtenswerter Vorschlag, und ich bin überzeugt – auch aus persönlicher Erfahrung – daß mit seiner Durchführung schon eine große Anzahl des verlorengegangenen Publikums zurückzugewinnen wäre. Nun sehe ich aber leider, daß die vorgeschrittene Zeit es mir nicht mehr erlaubt, Ihnen noch verschiedene Fragen vorzulegen. Ich muß unser Zwiegespräch beenden, und ich hoffe nur, daß die Zuhörer des Bayerischen Senders den gleichen Gewinn wie ich aus Ihren Äußerungen und Anregungen gezogen haben. Ich danke Ihnen.

Horváth Ganz meinerseits.

[Wenn sich jemand bei mir erkundigt ...]

Wenn sich jemand bei mir erkundigt, ob ich ein Deutscher bin, so kann ich ihm darauf nur antworten: ich fühle mich als ein Individuum, das sich unbedingt zum deutschen Kulturkreis zählt – – also bin ich sozusagen Deutscher.

Warum ich mich zum deutschen Kulturkreis gehörend betrachte, liegt wohl vor allem daran, daß meine Muttersprache die deutsche ist. Und dies dürfte meiner Meinung nach der ausschlaggebende Grund sein – dann folgt erst die Tatsache, daß ich entscheidende Entwicklungsjahre in Deutschland, und zwar in Südbayern und in Österreich verlebt habe.

Mein Name ist zwar rein ungarisch – – und ich habe auch ungarisches Blut in mir, auch tschechisches und kroatisches – – ich bin also eine typische österreich-ungarische Mischung. Und soweit ich das beurteilen kann, Anwesende natürlich immer ausgenommen, und zwar jetzt in diesem Falle ich höchstpersönlich sind die Produkte derartiger Rassenmischungen nicht gerade die Schlechtesten. Ich verweise nur auf einen der echtesten und größten Repräsentanten deutschen Wesens, nämlich auf den Kunstmaler Albrecht Dürer aus Nürnberg, der ja auch ein halber Ungar gewesen ist – – sein Vater bekanntlich hieß ja noch Ajtosi, was zu deutsch soviel heißt, wie Türer. Ajto heißt Türe.

Um aber jetzt noch etwas betonen zu können, muß ich von diesen historischen Höhen wieder auf meine derzeit lebende Person herabsteigen – – ich möchte nämlich nur folgendes noch betonen: immer wieder lese ich in Artikeln, daß ich ein ungarischer Schriftsteller bin. Das ist natürlich grundfalsch. Ich habe noch nie in meinem Leben – – außer in der Schule – – irgendetwas ungarisch geschrieben, sondern immer nur deutsch. Ich bin also ein deutscher Schriftsteller, wenn das auch einigen Herrschaften unangenehm zu sein scheint.

Sie fragen mich, wo ich geboren bin und wo ich aufgewachsen bin – Wenn Sie sich also unbedingt mit einem Teile meines privaten Lebens beschäftigen wollen, so gebe ich Ihnen gerne Auskunft. Ich bin ja gar nicht so. Also: geboren bin ich in Fiume am adriatischen

Meer, und zwar vor dreißig Jahren. Von meinem ersten bis zu meinem fünften Lebensjahr gedieh ich sichtlich in Belgrad. Dann kam ich in die Volksschule, und zwar in Budapest. Hier war ich auch in der Mittelschule tätig, so bis zu meinem dreizehnten Lebensjahre – dann kam ich nach München, zuerst ins Wilhelmsgymnasium, dann in das Realgymnasium. Dann war ich zwei Jahre lang in Preßburg, ein Jahr wieder in Budapest und das letzte Jahr in Wien.

Während meiner münchner Schulzeit brach der Weltkrieg aus. Wenn ich heute daran zurückdenke, so muß ich wohl sagen, daß ich heute das Gefühl habe, als könnte ich mich an die Zeit vor dem Weltkrieg nicht mehr erinnern. Ich muß mich schon ziemlich anstrengen, damit mir etwas aus dieser Friedenszeit wiedereinfällt – und ich glaube so ähnlich wird es wohl allen meinen Altersgenossen gehen. Der Weltkrieg verdunkelte unsere Jugend und wir haben wohl kaum Kindheitserinnerungen. Schließlich ist ja so ein Weltkrieg auch nichts alltägliches.

Ganz am Anfang gefiel uns Buben der Weltkrieg ganz ausgezeichnet. Wir hatten viele schulfreie Tage, und es gab immer wieder eine Sensation – deren fürchterliche Ursachen und Auswirkungen wir damals natürlich weder erfassen konnten noch sollten. Wir waren alle sehr begeistert und es tat uns außerordentlich leid, daß wir nicht um fünf bis sechs Jahre älter waren – dann hätten wir nämlich sofort hinauskönnen in das Feld. Natürlich spielte bei dieser Begeisterung auch der Gedanke an ein Zeugnis ohne Prüfungen eine nicht zu unterschätzende Rolle. – Aber ich denke, wir wollen nun über diese grauenvollen Jahre, 1914-1918, nicht weiter reden – es ist ja allgemein bekannt, welch herrliche Zeiten uns der Weltkrieg beschert hat. Reden wir doch lieber über die schönen Künste, fragen Sie mich doch bitte mal, wieso ich Schriftsteller geworden bin – das ist nämlich eine lustige Angelegenheit.

Also: 1920 lernte ich hier in München in einer Gesellschaft den Komponisten Siegfried Kallenberg kennen. Ich besuchte damals die Universität und hatte, wie man so zu sagen pflegt, Interesse an der Kunst. Hatte mich selber aber in keiner Weise noch irgendwie künstlerisch betätigt – höchstens, daß ich mich mit dem Gedanken beschäftigt habe, Du könntest doch eigentlich Schriftsteller werden, Du gehst doch zum Beispiel gern ins Theater, hast bereits allerhand erlebt, widersprichst gern und oft, und manchmal hast Du doch so einen eigentümlichen Drang in Dir, auch etwas zu schreiben – – ein Theaterstück zum Beispiel, oder eine Novelle oder gar einen Roman – und dann weißt Du es doch auch, daß Du nie Konzessionen machen darfst und daß es Dir eigentlich gleichgültig ist, was die Leut über Dich reden – – Pathetische Naturen fassen all diese Erkenntnisse unter dem schönen Namen »dichterische Mission« zusammen.

Nun, um also auf meinen Freund Kallenberg zurückzukommen: Kallenberg wandte sich an jenem Abend plötzlich an mich mit der Frage: »Wollen Sie mir eine Pantomime schreiben?« Ich war natürlich ziemlich verdutzt, weil ich es mir garnicht vorstellen konnte, wieso er mit diesem Anliegen ausgerechnet an mich herantritt – ich war doch gar kein Schriftsteller und hatte noch nie in meinem Leben irgendetwas geschrieben. Er muß mich verwechseln, dachte ich mir – und ursprünglich wollte ich ihn auch aufklären. Dann aber durchzuckte mich blitzschnell (wie man so sagt) der Gedanke, warum sollst Du es denn nicht einmal probieren, eine Pantomime zu schreiben? Ich sagte Kallenberg: Ja – setzte mich hin und schrieb die Pantomime. Die wurde dann später auch aufgeführt. Die erste Kritik, die ich über mein dichterisches Schaffen erhalten habe, begann mit folgenden Worten:

»Es ist eine Schmach – – usw«.

Aber ich nahm mir das nicht sehr zu Herzen, sondern fing nun an, draufloszuschreiben. Natürlich versuchte ich es noch mit allerhand mehr oder minder bürgerlichen Berufen, aber es wurde nichts daraus – anscheinend war ich zum Schriftsteller geboren.

Mein erstes Stück heißt »Die Bergbahn«. Das Stück hat zum Inhalt den Kampf zwischen Kapital und Arbeitskraft, mit besonderer Berücksichtigung der Stellung der sogenannten Intelligenz im Produktionsprozeß. Es wurde im Herbst 1927 in Hamburg, an den dortigen Kammerspielen uraufgeführt – – erst 1929 im Januar in Berlin, an der Volksbühne.

Ich bezeichnete die »Bergbahn« (wie auch dann alle meine folgenden Stücke) als ein Volksstück. Die Bezeichnung »Volksstück« war bis dahin in der modernen dramatischen Produktion nicht gebräuchlich. Natürlich gebrauchte ich diese Bezeichnung nicht willkürlich, das heißt: nicht einfach nur deshalb, weil das Stück ein bayerisches Dialektstück ist, sondern weil mir so etwas Ähnliches, wie Fortsetzung des alten Volksstückes, das für uns junge Menschen mehr oder minder natürlich auch nur noch einen historischen Wert bedeutet. Denn die Gestalten dieser Volksstücke, also die Träger der Handlung, haben sich doch bekanntlich in den letzten zwei Jahrzehnten ganz unglaublich verändert. Sie werden mir nun vielleicht entgegnen, daß die sogenannten ewig-menschlichen Probleme des guten alten Volksstückes, auch heute noch die Menschen bewegen. Gewiß bewegen sie sie, aber anders. Es gibt eine ganze Anzahl ewig-menschlicher Probleme, über die unsere Großeltern geweint haben, und über die wir heute lachen, und umgekehrt.

Will man also das alte Volksstück heute fortsetzen, so wird man natürlich heutige Menschen aus dem Volke (wie der schöne feudale Ausdruck lautet) auf die Bühne bringen – – also: Kleinbürger und Proletarier. Ich übergehe hier absichtlich den Bauernstand, denn auch der Bauernstand zerfällt ja in Kleinbürger und Proletarier.

Also: zu einem heutigen Volksstück gehören heutige Menschen – – und mit dieser Feststellung gelangt man zu einem interessanten Resultat: nämlich, will man als Autor wahrhaft gestalten, so kann man an der völligen Zersetzung der Volksstücksprache durch den Bildungsjargon nicht vorübergehen. Der Bildungsjargon (und seine Ursache) fordert aber zu Kritik heraus – – und so muß der Dialog des neuen Volksstückes zu einer Synthese von Ernst und Ironie werden.

Aus dieser Erkenntnis zog ich die Konsequenz – – ich schrieb bisher vier Volksstücke – – besagte »Bergbahn«, dann ein Stück aus der Inflationszeit, dann »Italienische Nacht« und »Geschichten aus dem Wiener Wald«. Mit vollem Bewußtsein zerstörte ich das alte Volksstück, formal und ethisch – – und versuchte als dramatischer Chronist mehr die neue Form des Volksstückes zu finden. Diese neue Form dürfte weniger dramatisch sein – – sie ist mehr schildernd. Sie knüpft mehr an die Tradition der Volkssänger und Volkskomiker an, als an die Autoren der früheren Volksstücke.

Bei den Kritikern und dem Publikum lösten meine Stücke bisher immer eine ziemliche Erregung aus – (so konnte die »Italienische Nacht« in Berlin nur unter Polizeischutz uraufgeführt werden) – – Diese Erregung ist mir persönlich ziemlich schleierhaft. Man wirft mir oft vor, ich sei zu derb, zu ekelhaft, zu unheimlich, zu zynisch und was es dergleichen noch an schönen Wörtern gibt – – man übersieht aber dabei, daß ich doch kein anderes Bestreben habe, als die Welt so zu schildern, wie sie leider ist. Daß auf der Welt das gute Prinzip den Ton angibt, wird man doch wohl kaum beweisen können. Behaupten schon.

Der Widerwille eines Teiles des Publikums gegen meine Stücke beruht wohl darauf, daß dieser Teil sich in den Personen auf der Bühne selbst erkennt. Und zwar nicht als festumrissener Typus, sondern in ihrem mehr oder minder bewußten privaten alltäglichen Gefühlsleben.

Zu Satire und Karikatur stehe ich sehr positiv – nur die Parodie, die lehne ich radikal ab. Parodie dürfte wohl das billigste sein.

Man spricht heutzutage viel über den Untergang des Theaters – – und natürlich geht es den Theatern wirtschaftlich miserabel. Aber wem geht es heutzutage nicht wirtschaftlich miserabel? Es ist schon möglich, daß alle Theater zugrunde gehen – – aber dann werden eben Vereine und Liebhaberbühnen weiterspielen. Das Theater als Kunstform kann nicht untergehen – – aus dem einfachen Grunde, weil die Menschen (sofern sie es sich nur einigermaßen materiell leisten können) das Theater brauchen. (Theater oder Kino ist jetzt für mich das gleiche – – ich sage nun kurz nur: Theater.) Das Theater ist nämlich diejenige Kunstform, die am stärksten für das Publikum phantasiert. Phantasie ist ein Ventil für asoziale Regungen – das Theater nimmt dem Zuschauer das Phantasieren-müssen ab, es phantasiert für ihn – und gleichzeitig erlebt es auch der Zuschauer die Produkte dieser Phantasie. Er lebt mit, das heißt vor allem: er begeht alle Schandtaten, die auf der Bühne vor sich gehen – und verläßt dann das Theater als ein kleinerer Mörder, Räuber, Ehebrecher – – – Man nennt diesen Zustand Erhebung.

Natürlich leiden die Theater sehr unter der wirtschaftlichen Krise – und ich hätte hier einige kleine praktische Vorschläge: Abschaffung des Programmzettels, Abschaffung der Garderobe – nicht wegen der Gebühr – sondern, weil viele viele Menschen nicht ins Theater gehen, da sie keinen schönen Anzug mehr haben. Könnten die in ihren Mänteln sitzen, wie im Kino, wären die Theater sicher besuchter.

Natürlich hat das Interesse am Theater auch aus sportlichen Gründen nachgelassen – aber nicht zu guter Letzt, weil wir kein richtiges, echtes, im guten Sinne des Wortes bodenständiges Volkstheater mehr haben. Daß wir es nicht haben, daran sind alle Instanzen schuld (sofern man bei so einer Frage überhaupt die Schuldfrage stellen will).

Daß ich den Kleistpreis bekommen habe, habe ich aus der Zeitung erfahren. Erst einige Tage später bekam ich die offizielle Mitteilung vom Vorsitzenden der Kleist-Stiftung, Fritz Engel.

Ein Teil der Presse begrüßte diese Preisverteilung lebhaft, ein anderer Teil wieder zersprang schier vor Wut und Haß. Das sind natürlich Selbstverständlichkeiten. Nur möchte ich hier auch betonen, daß auch im literarischen Kampfe, bei literarischen Auseinandersetzungen von einer gewissen Presse in einem Tone dahergeschrieben wird, den man nichts anders als Sauherdenton bezeichnen kann.

Nun möchte ich nur noch dem Bayerischen Rundfunk danken, daß er mir Gelegenheit gegeben hat, mich hier zu äußern. Und vielleicht war es für manchen auch ganz interessant, mal einen Dramatiker über das Drama und über Theaterfragen zu hören – und nicht nur immer Kritiker.

Gebrauchsanweisung

Das dramatische Grundmotiv aller meiner Stücke ist der ewige
Kampf zwischen Bewußtsein und Unterbewußtsein.

Ich hatte mich bis heute immer heftig dagegen gesträubt, mich in
irgendeiner Form über meine Stücke zu äußern – – nämlich ich bin
so naiv gewesen, und bildete es mir ein, daß man (Ausnahmen be-
stätigen leider die Regel) meine Stücke auch ohne Gebrauchsanwei-
sung verstehen wird. Heute gebe ich es unumwunden zu, daß dies
ein grober Irrtum gewesen ist, daß ich gezwungen werde, eine Ge-
brauchsanweisung zu schreiben.

Erstens bin ich daran schuld, denn: ich dachte, daß viele Stellen,
die doch nur eindeutig zu verstehen sind, verstanden werden müßten, dies ist falsch – – es ist mir öfters nicht restlos gelungen, die von
mir angestrebte Synthese zwischen Ironie und Realismus zu gestalten. Zweitens: es liegt an den Aufführungen – – alle meine Stücke
sind bisher nicht richtig im Stil gespielt worden, wodurch eine Un-
zahl von Mißverständnissen naturnotwendig entstehen mußte.
Daran ist niemand vom Theater schuld, kein Regisseur und kein
Schauspieler, dies möchte ich ganz besonders betonen – – sondern
nur ich allein bin schuld. Denn ich überließ die Aufführung ganz
den zuständigen Stellen – – aber nun sehe ich klar, nun weiß ich es
genau, wie meine Stücke gespielt werden müssen.

Drittens liegt die Schuld am Publikum, denn: es hat sich leider
entwöhnt auf das Wort im Drama zu achten, es sieht oft nur die
Handlung – – es sieht wohl die dramatische Handlung, aber den
dramatischen Dialog hört es nicht mehr. Jedermann kann bitte meine Stücke nachlesen: es ist keine einzige Szene in ihnen, die nicht
dramatisch wäre – – unter dramatisch verstehe ich nach wie vor den
Zusammenstoß zweier Temperamente – – die Wandlungen usw. In
jeder Dialogszene wandelt sich eine Person. Bitte nachlesen! Daß
dies bisher nicht herausgekommen ist, liegt an den Aufführungen.
Aber auch an dem Publikum.

Denn letzten Endes ist ja das Wesen der Synthese aus Ernst und
Ironie die Demaskierung des Bewußtseins. Sie erinnern sich vielleicht an einen Satz in meiner »Italienischen Nacht«, der da lautet:

»Sie sehen sich alle so fad gleich und werden gern so eingebildet selbstsicher.« Das ist mein Dialog.

Aus all dem geht es schon hervor, daß Parodie nicht mein Ziel sein kann – – es wird mir oft Parodie vorgeworfen, das stimmt aber natürlich in keiner Weise. Ich hasse die Parodie! Satire und Karikatur – – ab und zu ja. Aber die satirischen und karikaturistischen Stellen in meinen Stücken kann man an den fünf Fingern herzählen – Ich bin kein Satiriker, meine Herrschaften, ich habe kein anderes Ziel, als wie dies: Demaskierung des Bewußtseins.

Keine Demaskierung eines Menschen, einer Stadt – – das wäre ja furchtbar billig! Keine Demaskierung auch des Süddeutschen natürlich – – ich schreibe ja auch nur deshalb süddeutsch, weil ich anders nicht schreiben kann.

Diese Demaskierung betreibe ich aus zwei Gründen: erstens, weil sie mir Spaß macht – – zweitens, weil infolge meiner Erkenntnisse über das Wesen des Theaters, über seine Aufgabe und zu guter Letzt Aufgabe jeder Kunst ist folgendes – – (und das dürfte sich nun schon allmählich herumgesprochen haben) – – die Leute gehen ins Theater, um sich zu unterhalten, um sich zu erheben, um eventuell weinen zu können, oder um irgendetwas zu erfahren. Es gibt also Unterhaltungstheater, ästhetische Theater und pädagogische Theater. Alle zusammen haben eines gemeinsam: sie nehmen dem Menschen in einem derartigen Maße das Phantasieren ab, wie kaum eine andere Kunst – – Die Phantasie ist bekanntlich ein Ventil für Wünsche – – bei näherer Betrachtung werden es wohl asoziale Triebe sein, noch dazu meist höchst primitive. Im Theater findet also der Besucher zugleich das Ventil wie auch Befriedigung (durch das Erlebnis) seiner asozialen Triebe.

Es wird ein Kommunist auf der Bühne ermordet, in feiger Weise von einer Überzahl von Bestien. Die kommunistischen Zuschauer sind voll Haß und Erbitterung gegen die Weißen – – sie leben aber eigentlich das mit und morden mit und die Erbitterung und der Haß steigert sich, weil er sich gegen die eigenen asozialen Wünsche richtet. Beweis: es ist doch eigenartig, daß Leute ins Theater gehen, um zu sehen, wie ein (anständiger) Mensch umgebracht wird, der ihnen gesinnungsgemäß nahe steht – – und dafür Eintritt bezahlen und hernach in einer gehobenen weihevollen Stimmung das Theater verlassen. Was geht denn da vor, wenn nicht ein durchs Miterleben mitgemachter Mord? Die Leute gehen aus dem Theater mit weniger asozialen Regungen heraus, wie hinein. (Unter asozial verstehe ich Triebe, die auf einer kriminellen Basis beruhen – – und nicht etwa Bewegungen, die gegen eine Gesellschaftsform gerichtet sind – – ich betone das extra, so ängstlich bin ich schon geworden, durch die vielen Mißverständnisse).

Dies ist eine vornehme pädagogische Aufgabe des Theaters. Und das Theater wird nicht untergehen, denn die Menschen werden in diesen Punkten immer lernen wollen – – ja je stärker der Kollektivismus wird, umso größer wird die Phantasie. Solange man um den Kollektivismus kämpft, natürlich noch nicht, aber dann – ich denke manchmal schon an die Zeit, die man mit proletarischer Romantik bezeichnen wird. (Ich bin überzeugt, daß sie kommen wird.)

Mit meiner Demaskierung des Bewußtseins, erreiche ich natürlich eine Störung der Mordgefühle – – daher kommt es auch, daß Leute meine Stücke oft ekelhaft und abstoßend finden, weil sie eben die Schandtaten nicht so miterleben können. Sie werden auf die Schandtaten gestoßen – – sie fallen ihnen auf und erleben sie nicht mit. Es gibt für mich ein Gesetz und das ist die Wahrheit.

Ich habe Verständnis dafür, wenn jemand fragt – – Lieber Herr, warum nennen Sie denn Ihre Stücke Volksstücke? Auch hierauf will ich heute antworten, damit ich mit derlei Sachen für längere Zeit meine Ruhe habe. Also: das kommt so.

Vor sechs Jahren schrieb ich mein erstes Stück »Die Bergbahn«, und gab ihm den Untertitel und Artbezeichnung: »Ein Volksstück«. Die Bezeichnung Volksstück war bis dahin in der jungen dramatischen Produktion in Vergessenheit geraten. Natürlich gebrauchte ich diese Bezeichnung nicht willkürlich, das heißt: nicht einfach deswegen, weil das Stück ein bayerisches Dialektstück ist und die Personen Streckenarbeiter sind, sondern deshalb, weil mir so etwas wie eine Fortsetzung, Erneuerung des alten Volksstückes vorgeschwebt ist – – also eines Stückes, in dem Probleme auf eine möglichst volkstümliche Art behandelt und gestaltet werden, Fragen des Volkes, seine einfachen Sorgen, durch die Augen des Volkes gesehen. Ein Volksstück, das im besten Sinne bodenständig ist und das vielleicht wieder Anderen Anregung gibt, eben auch in dieser

Richtung weiter mitzuarbeiten – – um ein wahrhaftiges Volkstheater aufzubauen, das an die Instinkte und nicht an den Intellekt des Volkes appelliert.

Zu einem Volksstück, wie zu jedem Stück, ist es aber unerläßlich, daß ein Mensch auf der Bühne steht. Ferner: der Mensch wird erst lebendig durch die Sprache.

Nun besteht aber Deutschland, wie alle übrigen europäischen Staaten zu neunzig Prozent aus vollendeten oder verhinderten Kleinbürgern, auf alle Fälle aus Kleinbürgern. Will ich also das Volk schildern, darf ich natürlich nicht nur die zehn Prozent schildern, sondern als treuer Chronist meiner Zeit, die große Masse. Das ganze Deutschland muß es sein!

Es hat sich nun durch das Kleinbürgertum eine Zersetzung der eigentlichen Dialekte gebildet, nämlich durch den Bildungsjargon. Um einen heutigen Menschen realistisch schildern zu können, muß ich also den Bildungsjargon sprechen lassen. Der Bildungsjargon (und seine Ursachen) fordert aber natürlich zur Kritik heraus – – und so entsteht der Dialog des neuen Volksstückes, und damit der Mensch, und damit erst die dramatische Handlung – – eine Synthese aus Ernst und Ironie.

Mit vollem Bewußtsein zerstöre ich nun das alte Volksstück, formal und ethisch – – und versuche die neue Form des Volksstückes zu finden. Dabei lehne ich mich mehr an die Tradition der Volkssänger an und Volkskomiker an, denn an die Autoren der klassischen Volksstücke. Und nun kommen wir bereits zu dem Kapitel Regie.

Ich will nun versuchen hauptsächlich möglichst nur praktische Anweisungen zu geben: (diese gelten für alle meine Stücke, außer der »Bergbahn«). Bei Ablehnung auch nur eines dieser Punkte durch die Regie, ziehe ich das Stück zurück, denn dann ist es verfälscht.

Zu den Todsünden der Regie zählt folgendes:

1. Dialekt. Es darf kein Wort Dialekt gesprochen werden! Jedes Wort muß hochdeutsch gesprochen werden, allerdings so, wie jemand, der sonst nur Dialekt spricht und sich nun zwingt, hochdeutsch zu reden. Sehr wichtig! Denn es gibt schon jedem Wort

dadurch die Synthese zwischen Realismus und Ironie. Komik des Unterbewußten. Klassische Sprecher. Vergessen Sie nicht, daß die Stücke mit dem Dialog stehen und fallen!

2. In meinen sämtlichen Stücken ist keine einzige parodistische Stelle! Sie sehen ja auch oft im Leben jemand, der als seine eigene Parodie herumlauft – so ja, anders nicht!

3. Satirisches entdecke ich in meinen Stücken auch recht wenig. Es darf auch niemand als Karikatur gespielt werden, außer einigen Statisten, die gewissermaßen als Bühnenbild zu betrachten sind. Das Bühnenbild auch möglichst bitte nicht karikaturistisch – möglichst einfach bitte, vor einem Vorhang, mit einer wirklich primitiven Landschaft, aber schöne Farben bitte.

4. Selbstverständlich müssen die Stücke stilisiert gespielt werden, Naturalismus und Realismus bringen sie um – denn dann werden es Milljöhbilder und keine Bilder, die den Kampf des Bewußtseins gegen das Unterbewußtsein zeigen – das fällt unter den Tisch. Bitte achten Sie genau auf die Pausen im Dialog, die ich mit »Stille« bezeichne – hier kämpft das Bewußtsein oder Unterbewußtsein miteinander, und das muß sichtbar werden.

5. In dem so stilisiert gesprochenen Dialog, gibt es Ausnahmen – einige Sätze, nur ein Satz manchmal, der plötzlich ganz realistisch, ganz naturalistisch gebracht werden muß.

6. Alle meine Stücke sind Tragödien – sie werden nur komisch, weil sie unheimlich sind. Das Unheimliche muß da sein.

7. Es muß jeder Dialog herausgehoben werden – ein stummes Spiel der anderen, ist streng untersagt. Sehen Sie sich die Volkssängertruppen an. Zum Beispiel im ersten Bild beim Zeppelin: keine Statisten – einzelne Leute mit angeklebten Bärten, Dicke, Dünne, Kinder, Elli und Maria, usw. müssen zusehen – – ohne Bewegung, nur die Sprecher selbst, die nicht. Von dem Verschwinden des Zeppelins ab, haben alle die Bühne zu verlassen, nur Kasimir und Karoline nicht – – der Eismann kommt nur, wenn man ihn braucht, tritt er an den Kasten – – wenn Kasimir den Lukas haut, kommen die Leute herein, sehen stumm zu, wie das auf dem Bolzen hinaufläuft, gehen wieder ab.

Stilisiert muß gespielt werden, damit die wesentliche Allgemein-gültigkeit dieser Menschen betont wird – – man kann es gar nicht genug überbetonen, sonst merkt es keiner, die realistisch zu brin-genden Stellen im Dialog und Monolog sind die, wo ganz plötzlich ein Mensch sichtbar wird – – wo er dasteht, ohne jede Lüge, aber das sind naturnotwendig nur ganz wenig Stellen.

8. Innerhalb dieses stilisierten Spieles gibt es natürlich Gradunter-schiede, so zum Beispiel:

Erste Gruppe (am wenigsten stilisiert):

Kasimir

Karoline

Erna

Zweite Gruppe:

Schürzinger

Rauch

Speer

Elli

Dritte Gruppe:

Maria

und alle Übrigen

Karikaturistisch:

die Statisten und die Abnormitäten.

Dieser Stil ist das Resultat praktischer Arbeit und Erfahrung, und kein theoretisches Postulat. Und er erhebt keinen Anspruch auf Allgemeingültigkeit, er gilt vor allem nur für meine Stücke.

[Briefentwurf]

Als ich vor einem halben Jahr von der erfolgreichen Aufnahme meines Stückes »Kasimir und Karoline« in Wien erfuhr, habe ich mich sehr gefreut, denn ich habe es immer gehofft und geahnt, daß meine Stücke gerade in Wien Verständnis finden müßten. Denn genau wie der Verfasser, sind auch seine sogenannten Kinder »K. u. K.« Erzeugnisse – d. h. sie streben nach Wahrheit, trotz der Illusion, daß es eine solche nicht gibt oder nicht geben darf.

Als mein Stück 1932 in Berlin uraufgeführt wurde, schrieb fast die gesamte Presse, es wäre eine Satire auf München und auf das dortige Oktoberfest – ich muß es nicht betonen, daß dies eine völlige Verkennung meiner Absichten war, eine Verwechslung von Schauplatz und Inhalt; es ist überhaupt keine Satire, es ist die Ballade vom arbeitslosen Chauffeur Kasimir und seiner Braut mit der Ambition, eine Ballade voll stiller Trauer, gemildert durch Humor, das heißt durch die alltägliche Erkenntnis: »Sterben müssen wir alle!«

Unabhängig von den zeitlich bedingten Kostümierungen ist und war es in Berlin immer Sitte zu fragen: »Gegen wen richtet sich das?« Man hat nie gefragt: »Für wen tritt es ein?« Das »gegen« war und ist dort immer wichtiger als das »für«.

Ich habe die Wiener Aufführung noch nicht gesehen und ich freue mich sehr, daß Herr Lönner sie wieder im Spielplan aufgenommen hat und zwar aus dem egoistischen Wunsch, sie sehen zu können. Und es freut mich umso mehr, daß ich die Darsteller, die es spielen werden, in anderen Stücken und Rollen als wahrhafte Künstler kennen und schätzen gelernt habe, in meinem Stück sehen werde.

Was soll ein Schriftsteller heutzutag schreiben?

Meine Damen und Herren! Der Titel meines Vortrages ist etwas lang; er wäre kürzer, wenn wir keine Zensur hätten. Es ist der Vorteil der Zensur immer schon gewesen, daß der Zensurierte sich anstrengen muß, Bilder zu finden. Die Zensur fördert also die Bildbegabung, die visionäre Schau, mit anderen Worten: aus der Zensur entsteht das Symbol. Ohne Zensur gibts kein Symbol. Und auch kein dichterisches Bild. Denn ein dichterisches Bild, das der Zensur gefällt, ist kein dichterisches Bild, sondern die Träumerei einer unbefriedigten Briefschreiberin.

Sie werden nun mit Recht einwenden, daß wir keine Zensur haben oder nur so ein ganz bisserl eine, die sich auf alle öffentlichen Gebiete, auch des Geisteslebens, erstreckt. Nun, es ist möglich, daß der eine oder andere Staat des Abendlandes keine Zensur hat, so besteht aber eine individuelle, und die besteht immer. Und so wollen wir nun die Zensur definieren. Die Zensur ist ein Produkt der Angst.

Die Angst hat viele Kinder. Ich erwähne nur die Lüge, die Hemmung, die Tücke, und zum Teil auch die Unwissenheit – (aber da ist noch ein anderer Vater dabei) – aber nicht die Dummheit! Oh nein! Die Dummheit, das ist ein eigenes Gebiet, die bewohnt ein feines, schönes Haus.

Aber wir wollen nicht über die Dummheit reden. Man soll solche Worte heutzutag gar nicht in den Mund nehmen, es ist zu direkt, man setzt sich noch der Gefahr aus, daß man eingesperrt wird. Und wenn nicht heute, dann in einem Jahr, dann kommt einer und sagt: Sie, Sie haben doch mal gesagt, ich bin dumm. Sie das ist Landesverrat. Und dann wird man geköpft. Gebrauchen wir dafür Bilder, Symbole: z. B. Nationalismus, Antisemitismus, – Es werden noch manche sagen, er machts sich zu billig: die haben mich nicht verstanden. Ich sagte: Symbole der Dummheit. Ich könnte auch sagen, das Symbol der Dummheit war ein Idiot in einem Abendkleid. Weder das Abendkleid ist dumm, noch die Schuhe – aber der Inhalt. Die Zensur übt jeder privat.

Jeder sagt privat: Nein, davon will ich nichts wissen. Das ist mir zu frei, d. h. zu unangenehm. Sie sehen, er übt auch gegen sich selbst Zensur. Er gebraucht das Bild der Freiheit für das Nichterinnertwerdenwollensein an seine Schwäche. Der Impotenzler als Freiheitskämpfer – und schon ist ein verhängnisvoller und geschäftstüchtiger.

Aber es gibt Länder ohne Zensur; z. B. Rußland und Deutschland.

In beiden Ländern braucht man keine Zensur. Denn es gibt nichts zu zensurieren. Denn beide Bewegungen sind anti-geistig. Die Materie fehlt.

Sie üben auch die Zensur nur gegen Autoren aus dem Ausland aus.

1. Die Zensur.
2. Der Begriff des Schriftstellers.
3. Die echte und die falsche Würde.
4. Die Marlitt wird modern.
5. Was ist Menschlichkeit?
   Verständnis und Verzeihung für die kleinen Schweinereien.
   Haß gegen die großen.
   Heute ist es umgekehrt.
6. Sport. (Bilder)
7. Der letzte Ritter.
   (Verlust der Ritterlichkeit)
8. Das Gewissen.
9. Die mißhandelte Vernunft.
   (Die vornehmste Aufgabe des Schriftstellers ist es vernünftig zu sein. Ich könnte mir die Definition leicht machen, indem ich sage: vernünftig ist, wer klar ist. Aber die Klarheit ist heut unbeliebt. Und so komme ich am Ende wieder zum Anfang zurück: zur Zensur. Aber es gibt nur eine wahrhafte Zensur: das Gewissen! Und das dürfen wir nie verlassen. Auch ich habe es verlassen, habe für den Film z. B. geschrieben wegen eines neuen Anzugs und so. Es war mein moralischer Tiefstand. Heut hab ich noch eine Krawatte davon. Und die Pflicht der anderen ist, seine Bücher zu

kaufen – jawohl, seine Bücher, denn sonst bleibt ihm nichts anderes übrig, als in Schönheit zu sterben, nämlich zu verhungern.)

10. Wir leben in einer Zeit, in der ein großer Teil der Welt von Verbrechern und Narren beherrscht wird.

11. Das Ziel jedes Staates ist die Verdummung des Volkes. Keine Regierung hat ein Interesse daran, daß das Volk gescheit wird. Also steht jede Regierung in Feindschaft gegen die Vernunft, nämlich gegen die Vernunft der Anderen. Die Regierung ist umso stärker, je fester sie darauf schaut, daß das Volk verdummt wird.

12. Und das Volk will nur hören, daß es wichtig ist. – – Der Sport ist eine internationale Reaktion auf die Röllchen. Der Sport ist auch ein Fundament zur Entwicklung der Individualität. Aber es ist eine völlig ungeistige Individualität.
Die Arten des Sportes:
Zuschauer und Aktive
Die Liebe zur Mißgeburt
(Früher zum buckligen Geistigen)
(Jetzt zum geraden Idioten)

13. Was hat die Beseitigung der Arbeitslosigkeit mit dem Kampf gegen die Vernunft zu tun?
Die Antwort ist etwas kompliziert, aber sie fällt nicht schwer: sie hat eigentlich nichts damit zu tun. Uneigentlich alles.
Der Begriff des Uneigentlichen.

Der Schriftsteller ist kein Individualist.

Aber: Nur Freude und Erfolg, d. h. Geldverdienen – das geht nicht!

Damit versündigt er sich gegenüber seinem Talent. Und die Sünde gegen das Talent, das endet in der Hölle des Stumpfsinnes. Er wird alt und nichts. Seine Kinder werden Idioten.

Verantwortung, d. h. nichts anderes, wie einfach ausgedrückt: Gewissen.

(Ich weiß nicht, was ein Schriftsteller von den Zeitungen hat?! Von der Reklame?!)

.

Die Komödie des Menschen

Es ist vielleicht grotesk in einer Zeit, die wie die, in der ich lebe, unruhig ist, und wo niemand weiß, was morgen sein wird, sich ein Programm im Stückeschreiben zu stellen. Trotzdem wage ich es, obwohl ich nicht weiß, was ich morgen essen werde. Denn ich bin überzeugt, daß es nur Sinn hat, sich ein großes Ziel zu stecken. Zur Rechtfertigung und Selbstermunterung. – Ich habe in den Jahren 1932-1936 verschiedene Stücke geschrieben, sie sind, außer einem, gespielt worden, und zwar, wie man so zu sagen pflegt, mit Erfolg, außer einem. Diese Stücke ziehe ich hiermit zurück, sie existieren nicht, es waren nur Versuche.

Es sind dies:

> Kasimir und Karoline
> Liebe, Pflicht und Hoffnung
> Die Unbekannte der Seine
> Hin und her
> Himmelwärts
> Figaro läßt sich scheiden
> Don Juan kommt aus dem Krieg
> Das jüngste Gericht.

Einmal beging ich einen Sündenfall. Ich schrieb ein Stück, »Mit dem Kopf durch die Wand«, ich machte Kompromisse, verdorben durch den neupreußischen Einfluß, und wollte ein Geschäft machen, sonst nichts. Es wurde gespielt und fiel durch. Eine gerechte Strafe.

So habe ich mir nun die Aufgabe gestellt, frei von Verwirrung die Komödie des Menschen zu schreiben, ohne Kompromisse, ohne Gedanken ans Geschäft. Es gibt nichts Entsetzlicheres als eine schreibende Hur. Ich geh nicht mehr auf den Strich und will unter dem Titel »Komödie des Menschen« fortan meine Stücke schreiben, eingedenk der Tatsache, daß im ganzen genommen das menschliche Leben immer ein Trauerspiel, nur im einzelnen eine Komödie ist.

Über tredition

Eigenes Buch veröffentlichen

tredition wurde 2006 in Hamburg gegründet und hat seither mehrere tausend Buchtitel veröffentlicht. Autoren veröffentlichen in wenigen leichten Schritten gedruckte Bücher, e-Books und audio-Books. tredition hat das Ziel, die beste und fairste Veröffentlichungsmöglichkeit für Autoren zu bieten.

tredition wurde mit der Erkenntnis gegründet, dass nur etwa jedes 200. bei Verlagen eingereichte Manuskript veröffentlicht wird. Dabei hat jedes Buch seinen Markt, also seine Leser. tredition sorgt dafür, dass für jedes Buch die Leserschaft auch erreicht wird.

Im einzigartigen Literatur-Netzwerk von tredition bieten zahlreiche Literatur-Partner (das sind Lektoren, Übersetzer, Hörbuchsprecher und Illustratoren) ihre Dienstleistung an, um Manuskripte zu verbessern oder die Vielfalt zu erhöhen. Autoren vereinbaren direkt mit den Literatur-Partnern die Konditionen ihrer Zusammenarbeit und partizipieren gemeinsam am Erfolg des Buches.

Das gesamte Verlagsprogramm von tredition ist bei allen stationären Buchhandlungen und Online-Buchhändlern wie z. B. Amazon erhältlich. e-Books stehen bei den führenden Online-Portalen (z. B. iBookstore von Apple oder Kindle von Amazon) zum Verkauf.

Einfach leicht ein Buch veröffentlichen: **www.tredition.de**

Eigene Buchreihe oder eigenen Verlag gründen

Seit 2009 bietet tredition sein Verlagskonzept auch als sogenanntes "White-Label" an. Das bedeutet, dass andere Unternehmen, Institutionen und Personen risikofrei und unkompliziert selbst zum Herausgeber von Büchern und Buchreihen unter eigener Marke werden können. tredition übernimmt dabei das komplette Herstellungs- und Distributionsrisiko.

Zahlreiche Zeitschriften-, Zeitungs- und Buchverlage, Universitäten, Forschungseinrichtungen u.v.m. nutzen diese Dienstleistung von tredition, um unter eigener Marke ohne Risiko Bücher zu verlegen.

Alle Informationen im Internet: **www.tredition.de/fuer-verlage**

tredition wurde mit mehreren Innovationspreisen ausgezeichnet, u. a. mit dem Webfuture Award und dem Innovationspreis der Buch Digitale.

tredition ist Mitglied im Börsenverein des Deutschen Buchhandels.

Dieses Werk elektronisch lesen

Dieses Werk ist Teil der Gutenberg-DE Edition DVD. Diese enthält das komplette Archiv des Projekt Gutenberg-DE. Die DVD ist im Internet erhältlich auf **http://gutenbergshop.abc.de**

Zeitfracht Medien GmbH
Ferdinand-Jühlke-Straße 7
99095 Erfurt, Deutschland
produktsicherheit@kolibri360.de